AF244617

NAPOLÉON LE GRAND

ET

L'ALMANACH DE GOTHA.

NAPOLÉON LE GRAND

ET

L'ALMANACH DE GOTHA,

OU

NOTICE LITTÉRAIRE ET BIBLIOGRAPHIQUE SUR LA DOUBLE ÉDITION DE CET ALMANACH POUR 1808 (45ᵐᵉ ANNÉE DE LA COLLECTION).

PAR

M. DE CHÊNEDOLLÉ.

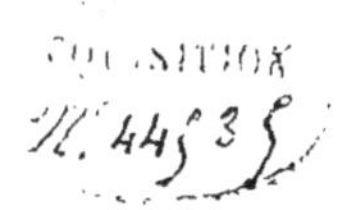

Bruxelles.

TYPOGRAPHIE DE SACRÉ-SAVARY ET Cᵉ,
Rue Notre-Dame-aux-Neiges, 109.

1849

NAPOLÉON LE GRAND ET L'ALMANACH DE GOTHA,

OU

NOTICE LITTÉRAIRE ET BIBLIOGRAPHIQUE SUR LA DOUBLE ÉDITION DE CET ALMANACH POUR 1808 (45me ANNÉE DE LA COLLECTION).

> Facies non una *duabus*,
> Nec diversa tamen, qualem decet esse sororum.
> OVID., *Metam.*

Quel est l'homme studieux qui n'a souvent senti le besoin de recourir à cet utile répertoire, dont la 86e année (1849) vient de paraître? En effet, sous une forme modeste, devenue aujourd'hui aussi élégante que commode, il renferme, surtout depuis 1824, une foule de documents généalogiques et diplomatiques, de données statistiques officielles qui épargnent la peine de feuilleter des collections volumineuses et chères que l'on n'est pas toujours à portée de consulter. Les hommes d'État de tous les pays mettent autant d'empressement que les simples curieux et les amateurs désœuvrés de portraits et d'estampes à rechercher l'*Almanach de Gotha*, dont la collection complète est rare et d'un prix élevé.

Dans l'Almanach pour l'année 1816 (53e de la collection) on trouve, p. 12, une intéressante *Notice sur l'Almanach de Gotha, depuis son origine.* On y lit entre autres, p. 11 : « L'année 1808 a dû être entièrement refondue à cause de quelques événements qui venaient d'influer sur les articles généalogiques et histori-statistiques ; cependant on en a débité par inadvertance quelques exemplaires de la première édition, ce qui fait qu'il existe deux éditions de cette année.

« Ce dernier événement avait été occasionné par la Censure de Paris. On avait trouvé en France que la Chronique n'était point rédigée dans le sens du système français ; et l'on déclara que la Liste généalogique était inconvenante, parce qu'on y lisait encore les noms de plusieurs Maisons dépossédées de leur souveraineté. On assure que c'est feu le cardinal Caprara qui dénonça, par cette raison, l'Almanach de Gotha au ministère des relations extérieures. Il y eut à ce sujet des pourparlers ministériels : ce qui restait de l'édition fut supprimé, et il parut une nouvelle édition revue et corrigée à Paris même. »

Ces détails avaient excité depuis longtemps notre curiosité, et un heureux hasard, qui nous a rendu naguère possesseur des deux éditions différentes de l'année 1808, nous a permis de la satisfaire en les confrontant avec un soin minutieux. Nous croyons faire chose agréable aux amis de l'histoire littéraire et de la bibliographie en signalant à leur attention les principales différences que nous a fournies cet examen consciencieux. Ces particularités n'ont rien perdu, à notre sens, de leur intérêt, même au bout de quarante ans, et pour la grande majorité des lecteurs elles auront au moins le petit mérite d'être neuves et piquantes. Elles paraissent avoir été ignorées des bibliographes les plus exacts, qui ne les ont pas indiquées dans leurs ouvrages (1).

L'exemplaire de l'édition supprimée que nous possédons a un titre imprimé après coup et collé sur le premier feuillet de l'*Explication des estampes*. Il est ainsi conçu : *Almanac* (sic) *historique généalogique pour l'année* 1808. *Avec figures. Leipsic* (2). C'est sans doute grâce à ce titre refait et à cette indication mensongère de Leipsic qu'un petit nombre d'exemplaires sauvés de la destruction aura pu franchir les frontières du grand Empire, donner le change aux bons douaniers et dépayser les limiers de la police impériale médiocrement initiés aux supercheries bibliographiques.

Le titre de l'édition châtrée est gravé, comme dans les années antérieures, et porte ces mots : *Almanac* (sic) *de Gotha pour l'année* 1808. *Gotha, chez C. G. Ettinger* (3).

Le premier feuillet de l'*Explication des estampes* a dû être réim-

(1) V. Fleischer, *Dictionnaire de bibliographie française*. Paris, 1812, in-8°, t. I, p. 202, au mot *Almanach de Gotha.* — Ch. G. Kayser, *Deutsche Bücherkunde*. Leipzig, 1825, in-8°, t. I, p. 25, au même mot.

(2) Les exemplaires avec ce titre insolite et tronqué, qui a dérouté peut-être beaucoup de ces amateurs superficiels, qui ne jugent que sur l'étiquette du sac, sont restés inconnus aux bibliographes cités dans la note précédente.

(3) Nous avons vu à Bruxelles, dans la bibliothèque du ministère des affaires étrangères, un exemplaire de l'édition originale avec ce même titre gravé. Il est

primé, parce qu'on a retranché dans la seconde édition les portraits de Joachim (Murat), grand-duc de Berg, de Nelson et de Pitt, venant après celui de Napoléon , et cotés, 2, 3 et 4. Voici l'explication supprimée : « 2. JOACHIM. Il y a déjà longtemps que ce héros est inscrit au temple de mémoire. L'Allemagne le voit avec plaisir au nombre de ses souverains ; et ses sujets s'enorgueillissent de vivre sous la domination de l'illustre beau-frère de Napoléon le Grand. — 3 et 4. NELSON ET PITT. Qu'il nous soit permis d'offrir à nos lecteurs le portrait d'un des plus grands amiraux et celui du plus grand homme d'État de la Grande-Bretagne. Le temps et la mort ont dû éteindre la haine qu'on pouvait porter à des personnes qui ne sont plus ; et, quand même la fatale division qui règne entre les deux premières nations du monde, ne finirait pas de si tôt, les Français et les Anglais sont trop généreux pour ne pas rendre au mérite personnel de leurs ennemis la justice que leur rendra l'impartiale postérité. Puissions-nous, dans le cours de l'année 1808, voir le vœu de l'Europe souffrante enfin s'accomplir, tous les peuples rapprochés par la nature et la civilisation, resserrer entre eux les liens d'une paix durable qui nous ramène l'abondance et le bonheur ! »

Malgré ces précautions oratoires, qui devaient servir de passeport au texte et aux ornements, et quoique le brave éditeur, comme le petit Suisse des *Mémoires* de Grammont, eût demandé d'avance avec toute la candeur germanique pardon de la *liberté grande*, on voit qu'il ne put l'obtenir. La colère impériale enveloppa dans la même proscription le vainqueur de Trafalgar, l'ennemi implacable de la France, et jusqu'à ce pauvre Murat, que son beau-frère traitait parfois si cavalièrement. Il était sans doute rentré complétement en grâce auprès de l'autocrate en 1810, car le portrait de *Joachim roi de Naples et de Sicile* figure dans l'Almanach de cette année. Tout vient à point à qui peut attendre.

Dans la première édition la *Liste généalogique des princes souverains et d'autres personnes illustres de l'Europe* , à l'exception des deux branches (Ernestine et Albertine) de la Maison de Saxe placées à la tête, est rangée dans l'ordre alphabétique. Elle forme 112 pages, tandis que dans la réimpression elle n'en contient que 54, di-

apparemment de première émission, et nous supposons qu'il était parvenu en Belgique avant le *veto* impérial.

visées ainsi : 1. *Naissances et alliances des princes et princesses de la Maison de Saxe-Gotha ;* II. *des princes et princesses de la France et de la confédération du Rhin ;* III. *des princes et princesses des autres Maisons souveraines de l'Europe par ordre alphabétique.* Tous les noms suivants ont été biffés sans pitié par la censure impériale, ce qui explique suffisamment cette différence en moins de 58 pages entre les deux listes.

Auersberg.
Augsbourg.
Bâle.
Bamberg.
Barbian et Belgiojoso.
Bathyani-Strätmann.
St-Blaise.
Bourbon (1. branche ci-devant royale. 2. branche d'Orléans. 3. de Bourbon-Condé. 4. de Bourbon-Conty).
Bretzenheim.
Brixen.
Brunswick-Wolfenbüttel.
Buchau.
Clary.
Colloredo.
Corvey.
Courlande.
Croy (1. Dulmen. 2. Havré).
Czartorisky.
Dietrichstein.
Eichstädt.
Elwangen.
St-Emeran.
Essen.
Esterhazy de Galantha.
Fugger-Babenhausen.
Fulda.
Furstenberg (les 3 branches).
St-Gall.
Gandersheim.
Gonzaga.
Grand-maître de l'ordre teutonique.
Grand-maître de l'ordre de Saint-Jean.
Grassalcowics de Gyarac.
Hercolani.
Herforden.
Hesse (électeur).
Hesse-Philippsthal.
Hesse-Rothenbourg.
Hildesheim.
Hohenlohe (1. Nuenstein. 2. Waldenbourg).
Jablonowsky.
Kaunitz-Rietberg.
Khevenhüller-Metsch.
Kinsky.
Lamberg.
Leiningen (Linange).
Liége.
Ligne.
Lobkowitz.
Loewenstein-Wertheim.
Looz et Corswarem.
Lorraine.
Malthe.
Metternich-Winnebourg.
Modène.
Nassau-Dietz.
Niedermunster.
Obermunster.
Oettingen-Spielberg.
Oettingen-Wallerstein.
Osnabruck.
Paar.
Paderborn.
Palm.

Passau.
Portia.
Quedlinbourg.
Radzivil.
Rosenberg.
Salm-Reifferscheid.
Salzbourg.
Savoye-Carignan.
Sayn-Witgenstein-Berlebourg.
Sayn-Witgenstein-Witgenstein.
Schönbourg-Waldenbourg.
Schwarzenberg.
Sforza.
Sicile.
Sinzendorf.

Solms-Braunfels.
Solms-Lich.
Spire.
Starhemberg.
Stolberg-Gedern.
Sulkowsky.
Tour et Taxis.
Trautmannsdorf.
Trente.
Trèves.
Truchsess-Waldbourg (les trois branches).
Wied-Runkel.
Wied-Neuwied.
Windischgrätz.

En remplacement de cette Saint-Barthélemy aristocratique de 93 noms, et comme par une espèce de compensation empruntée au système du philosophe Azaïs, on a classé dans la 3e partie de la réimpression deux nouvelles puissances non admises dans l'édition supprimée. C'est, à la p. 36, la principauté de Bénévent, conférée le 5 juin 1806 à Charles Maurice (de Talleyrand-Périgord), et, p. 43, celle de Lucques et Piombino, donnée par Napoléon à sa sœur Marie Anne Elisa, épouse de *Félix*, dont on a fait disparaître le nom trop roturier de Bacciochi. Cette suppression volontaire rappelle le bon mot de M. de Talleyrand, répondant au prince Buon-Compagni-Ludovisi qui se plaignait amèrement au ministre des relations extérieures d'être évincé de son nom de *Prince de Piombino* : « Eh bien ! il y a en ce moment un nom vacant. Que ne le prenez-vous ? C'est celui de Bacciochi. »

Outre les nombreux retranchements, qui feront toujours rechercher la première édition, on trouve des différences aux articles que nous allons indiquer.

Espagne. Le frère du roi Charles IV est ainsi désigné : *Ferdinand né le 12 janvier 1751*. Dans l'édition originale on l'appelle *Ferdinand IV, roi de Sicile*, et l'on renvoie au mot *Sicile*, retranché dans la réimpression, comme nous l'avons noté plus haut.

France. On lit dans la réimpression : *Napoléon, né 15 août 1769, Empereur des Français, sacré et couronné à Paris, 2 décembre 1804, couronné roi d'Italie, 26 mai 1805, Protecteur de la confédération du*

Rhin depuis le 12 *juillet* 1806. Il y a dans l'édition originale : *Napoléon déclaré Empereur des Français par le sénatus-consulte du* 18 *mai* 1804, *sacré et couronné,* etc. On sait que Napoléon dans les petites comme dans les grandes choses cherchait à répudier ou au moins à faire oublier tout ce qui pouvait rappeler l'origine populaire de sa puissance. Ses serviteurs, comme on le voit, caressaient adroitement cette faiblesse du maître. — Eugène et Stéphanie, portés seulement dans la première édition aux rubriques d'Italie et de Bade, se trouvent aussi placés dans la famille impériale de France immédiatement après Joséphine, et avant les frères et les sœurs de l'empereur.

Prusse. Comme les articles *Nassau-Dietz* et *Hesse* (électeur) sont retranchés dans la réimpression, on n'y renvoie pas pour les sœurs du roi de Prusse mariées à ces princes désignés seulement sous les titres suivants : *Prince Guillaume Frédéric de Nassau,* (depuis roi des Pays-Bas), et *Prince Guillaume de Hesse.*

Suède. Les censeurs parisiens ont ici montré le bout de l'oreille. Ils ont laissé subsister à l'article de la tante de Gustave IV, Sophie Albertine, ce renvoi : *V. Quedlinbourg,* ne se rappelant pas sans doute (*quandoque bonus dormitat Homerus*), qu'ils avaient rayé le nom de ce lieu dont la princesse était abbesse.

Turquie. Voici la rédaction de l'article primitif : *Empereur Mustapha IV, né* 7 *septembre* 1779 (*fils aîné du défunt sultan Abdul Hamid*) *élevé par les Janissaires après la détronisation du sultan Sélim III,* 29 *mai* 1807. Elle est ainsi modifiée dans la réimpression : *Empereur Mustapha IV,* etc., *proclamé empereur* 29 *mai* 1807. Ce n'est pas, croyons-nous, par respect pour la langue et en haine du barbarisme *détronisation* que l'on a changé la phrase, mais à cause de l'aversion bien connue de l'Empereur pour les révolutions de palais et les coups d'état frappés par les sabres prétoriens.

Wurtzbourg. Les censeurs, fidèles au système d'effacer du nombre des puissances Ferdinand IV roi de Sicile, désignent la femme du grand-Duc de Würtzbourg par cette périphrase : *L'infante Louise Amélie, fille de Ferdinand, frère du roi d'Espagne.* Ils ont aussi omis le dernier prince-évêque de Würtzbourg, mentionné dans l'édition originale.

Ce n'est pas seulement la généalogie qui a subi des suppressions et des changements. D'autres articles n'ont pas été plus à l'abri des ciseaux de la censure impériale. Les lecteurs nous sauront peut-être gré de mettre sous leurs yeux les *retouches* les plus notables.

Le premier article de fond, intitulé : *Aperçu statistique de l'Allemagne, après la fondation de la confédération rhénane*, a été presque entièrement remanié, et réduit de 24 pages à moins de 19. Nous allons mettre en regard, sur deux colonnes, les deux rédactions du premier alinéa. Cet échantillon suffira au lecteur pour se faire une idée de l'énorme différence qu'elles présentent. *Ab uno disce omnes.*

<table>
<tr><td align="center">Texte original.</td><td align="center">Texte refait.</td></tr>
</table>

« Nous avons donné dans l'almanach de l'année précédente un tableau politique de l'Allemagne d'après tous les changements qu'elle venait d'éprouver par le traité de Presbourg, ainsi que par les arrangements ultérieurs et les *coups d'autorité* d'une puissance victorieuse. Cependant l'Empire germanique subsistait encore; sa forme était toujours celle d'une association de plusieurs États gouvernés d'après les lois fondamentales d'une constitution chancelante à la vérité, mais universellement reconnue. Jusque-là on n'avait *porté atteinte* qu'à quelques droits particuliers de propriété, ou bien à quelques dignités et charges honorifiques. L'Empereur *qu'une sage politique avait fait élire dans la Maison d'Autriche comme la plus puissante, était encore chef de l'Empire; personne n'avait encore osé lui contester sa suprématie, quoiqu'il ne dépendit plus de lui d'user de toute l'étendue de ses droits, et que l'influence de l'Empereur des Français sur la plus grande partie des Princes et États de l'Allemagne ne l'eût pas moins emporté sur la dignité impériale germanique, que la supé-*	« Nous avons donné dans l'almanach de l'année précédente un tableau politique de l'Allemagne d'après tous les changements qu'elle venait d'éprouver par le traité de Presbourg, ainsi que par les arrangements ultérieurs et les *décisions* d'une puissance victorieuse. Cependant l'Empire germanique subsistait encore; sa forme était toujours celle d'une association de plusieurs États gouvernés d'après les lois fondamentales d'une constitution chancelante à la vérité, mais universellement reconnue. Jusque-là on n'avait *statué* que sur quelques droits particuliers de propriété, ou bien quelques dignités et charges honorifiques. L'Empereur *pris dans la maison d'Autriche,* était encore chef de l'Empire ; *sa suprématie, quoiqu'il ne dépendit plus de lui d'en user dans toute son étendue, était encore reconnue.*

riorité de ses forces militaires sur celles de l'Autriche. La paix conclue, les Français ne tardèrent pas à évacuer la plupart des pays autrichiens, à l'exception d'un petit nombre de places qu'ils déclarèrent vouloir garder jusqu'à ce que l'Empereur de Russie se montrât également disposé à faire la paix. Mais ils conservèrent la Souabe et la majeure partie des pays situés sur le Rhin ; et, quoique cette occupation *semblât* d'abord n'avoir d'autre but que celui d'assurer ces nouvelles acquisitions aux Princes à qui elles étaient dévolues, il était bien aisé de voir même alors que les armées étrangères ne quitteraient pas l'Allemagne, avant que la France ne fût entièrement réconciliée avec ses deux ennemis les plus opiniâtres, la Russie et l'Angleterre. D'un autre côté, le roi de Suède et le roi de Prusse occupaient en même temps divers districts du pays d'Hanovre : le premier, pour remplir ses engagements avec l'Angleterre, et conserver cet électorat à la Maison de Brunswick-Lunebourg ; le second, *comme on le vit bientôt, pour se les approprier, et s'indemniser par là de la cession qu'il avait été obligé de faire à la France des pays de Neufchâtel, Anspach, Clèves et de la ville de Wesel. On se rappelle sans doute les scènes sanglantes que cet envahissement occasionna entre les Suédois et les Prussiens.* »

Après la paix de Presbourg, les Français ne tardèrent pas à évacuer la plupart des pays autrichiens, *dont leurs victoires les avaient rendus maîtres,* à l'exception d'un petit nombre de places qu'ils déclarèrent vouloir garder jusqu'à ce que l'Empereur de Russie se montrât également disposé à faire la paix. Mais ils conservèrent la Souabe autrichienne et la majeure partie des pays situés sur le Rhin. Cette occupation *assurait* aux Princes alliés à la France les nouvelles acquisitions qui leur étaient dévolues. En outre, il était bien aisé de voir que les armées étrangères ne quitteraient pas l'Allemagne, avant que la France ne fût entièrement réconciliée avec ses deux ennemis les plus opiniâtres, la Russie et l'Angleterre. D'un autre côté, le roi de Suède et le roi de Prusse occupaient en même temps divers districts du pays d'Hanovre ; le premier, pour remplir ses engagements avec l'Angleterre, et conserver cet électorat à la Maison de Brunswick-Lunebourg ; le second, *comme un équivalent de la cession qu'il avait faite à la France* des pays de Neufchâtel, Anspach, Clèves et de la ville de Wesel. »

Comme il n'était pas inutile aux vues de l'Empereur de laisser croire alors, au moins en France, que presque toute l'Allemagne faisait partie de la confédération, les censeurs impériaux ont trouvé bon de retrancher le *Tableau* fort curieux *des princes et États allemands qui n'ont point accédé à la confédération rhénane*, au nombre de 18, sans compter l'Autriche et la Prusse. Ils en ont fait autant de la *Liste des princes et comtes qui, par suite de la nouvelle confédération, ont perdu leur indépendance, et se trouvent maintenant sous la souveraineté des Princes confédérés.* Par un reste de pudeur on n'aimait peut-être pas à rappeler que la plume de M. de Talleyrand, appuyée sur le glaive de César, venait de ravir à la fois à 51 maisons illustres et aux deux villes libres impériales de Francfort et de Nuremberg leur indépendance et la possession de droits séculaires.

Le second article de fond, intitulé dans l'édition originale : *Précis historique de la domination des Anglais sur la mer*, a été étrangement dénaturé par les censeurs, et métamorphosé en un *Précis de la domination sur la mer chez les peuples modernes.* Ils ont commencé, comme de raison, par faire main basse sur le premier alinéa. Il devait en effet être malsonnant aux oreilles du héros qui ne pouvait se consoler du désastre de Trafalgar, et qui avait crié comme Auguste : *Villeneuve, Villeneuve, rends-moi mes vaisseaux.* Voici cet alinéa proscrit : « L'histoire du monde entier n'offre aucun exemple d'une puissance maritime comparable à celle de la Grande-Bretagne. Longtemps avant l'Angleterre, on avait vu d'autres États couvrir de leurs flottes des mers voisines et lointaines ; et ce n'est qu'après un combat long et opiniâtre, après des efforts incroyables, soutenus durant l'espace de deux siècles, qu'elle est parvenue à s'assurer la prééminence, qu'elle a maintenant sur le vaste empire de l'Océan. »

Nous regrettons que l'étendue de la partie retranchée (7 pages en petits caractères) nous empêche de la reproduire ici. Elle est consacrée à tracer le tableau des développements successifs que prit la puissance maritime de l'Angleterre après l'importante victoire de la Hogue (29 mai 1691), ce Trafalgar du dix-septième siècle. Nous devons nous borner à donner la fin de l'article :

« La meilleure manière de prouver la grande supériorité navale des Anglais est de joindre ici le tableau comparatif des forces maritimes des États de l'Europe. Nous ne parlons que des vaisseaux de guerre et des frégates.

Le Portugal a . . . . . . 12 vaisseaux de ligne . 14 frégates.
La Porte ottomane. . . . 13 4
La Hollande. . . . . . . 16 . . . . , ... 14
Le Danemarck 19 15
La Suède 29 23
L'Espagne 40 44
La Russie 44 36
La France 53 20
                                                <u>226</u> . . . . . . <u>171</u> (*sic*).
L'Angleterre en a . . . 184 216
                                                  <u>440</u> vaisseaux de ligne .<u>387</u> frégates.

On voit par là que le total de tous les vaisseaux de ligne et frégates des puissances d'Europe se monte à 797, et que l'Angleterre à elle seule en possède 400, ou la moitié ! »

Cette conclusion, si forte de l'éloquence irréfutable des chiffres, était bien faite pour déplaire à *l'homme du destin*, qui n'avait pu se dissimuler toute la portée de la journée à jamais néfaste du 21 octobre 1805 (Trafalgar). Il n'en fallait certes pas plus pour justifier à ses yeux la suppression des portraits de Pitt et de Nelson, c'est-à-dire de la tête puissante qui avait organisé, et du bras intelligent qui avait arraché la victoire (4).

Il ne nous reste pour terminer notre examen comparatif qu'à signaler les différences qui se trouvent dans la *Chronique des années* 1806 *et* 1807. Elles sont assez curieuses, sans avoir cependant une bien grande importance. Elles prouvent surtout que les yeux de lynx des censeurs allaient épiant à chaque ligne le moindre mot qui aurait pu blesser l'oreille ou le regard de l'Empereur. Ainsi, par exemple, l'édition originale de la *Chronique* l'appelle simplement presque partout *Napoléon,* tandis que dans la réimpression on a toujours fait précéder avec un soin religieux ce nom du mot *Empereur.*

<table>
<tr><td>Texte primitif.</td><td>Texte corrigé à Paris.</td></tr>
<tr><td>4 juillet 1806. Le général Stuart défait un corps de troupes françaises commandées par le général Reynier, près de Sainte-Euphémie en Calabre.</td><td>Le général Stuart combat un corps de troupes, etc.</td></tr>
</table>

(4) V. *L'art de vérifier les dates.* 3e partie, Paris, 1821. in-8o, t. V, p. 164

18 juillet. Le grand-duc de Berg prend possession des bailliages de Deutz, Willich et Kœningswinter de l'archevêché de Cologne, *qui avaient ensuite (sic) été dévolus à la maison de Nassau.*

Les mots en caractères italiques sont retranchés.

2 octobre. L'Electeur de Hesse se rend à Naumbourg, où se trouve le grand quartier général de l'armée prussienne.

Le grand quartier général de l'armée prussienne est à Naumbourg.

14 octobre. A Jéna, l'Empereur en personne, à la tête de sa grande armée, *dans laquelle se trouvent les Bavarois et les troupes auxiliaires hessoises,* combat contre les corps du prince de Holenlohe, du général Ruchel, les Saxons *et un bataillon de chasseurs de Weimar.* Les Prussiens essuient une grande défaite. *Weimar et Jéna sont livrés au pillage.*

A Jéna, l'empereur en personne avec sa grande armée combat contre les corps combinés du prince de Hohenlohe, du général Ruchel et des Saxons. Les Prussiens essuient une grande défaite.

7 novembre. Quelques troupes françaises arrivent aux frontières *neutres* de Danemarck ; *engagement avec les troupes de cette puissance.*

Les mots imprimés en italique sont supprimés.

20 novembre. Le général prussien Schœler rend la forteresse de Hameln au général français Savary, *malgré l'opposition des officiers de la garnison sous ses ordres.*

Même observation.

26 décembre. Bataille près de Pultusk entre les Français commandés par le maréchal Lannes qui est blessé dans l'action, et les Russes commandés par Benningsen. *Les deux partis s'attribuent la victoire.*

Même observation.

27 décembre. *La garnison de Ziegenhayn est assaillie par les Hessois, qui la taillent en pièces.*

Même observation.

29 décembre. *Les paysans hessois menacent Marbourg.*

Même observation.

7 janvier 1807. Edit du roi d'Angleterre, *en représailles de celui de l'empereur des Français,*

La suppression des mots que nous avons mis en italique ne laisse qu'un non sens, et rend la

émané le 21 novembre de l'année dernière.

8 février. Bataille sanglante entre les Français et les Russes à Preussisch-Eylau. *Les deux partis s'attribuent la victoire.* Cependant les Russes, qui les premiers ont attaqué, quittent aussi les premiers Eylau et le champ de bataille.

18 février. *Mort de madame Sophie la Roche à Offenbach.*

4 février. Depuis le premier du mois jusqu'à ce jour, les troupes suédoises, sous les ordres des généraux Armfeld et Essen, attaquent les Français *qu'ils parviennent à chasser de la Poméranie.*

phrase inintelligible. O profondeur de la censure !

Bataille sanglante entre les Français et les Russes à Preussisch-Eylau. Les Russes, qui en premiers ont attaqué, quittent aussi les premiers Eylau et le champ de bataille.

La spirituelle amie de Wieland avait donc eu le malheur de déplaire aux censeurs français, qui ont effacé la date de sa mort.

Depuis le premier du mois jusqu'à ce jour, les troupes suédoises, sous les ordres des généraux Armfeld et Essen, attaquent les Français *qui évacuent la Poméranie.*

A partir de la page 89, comme le volume ne contient plus que des articles tout à fait inoffensifs (poids et mesures, foires et marchés, postes et messageries), on a pu profiter de la composition et ne pas réimprimer les pages 89 à 112. Le volume, dans les deux éditions, est donc terminé par l'*Avis* ordinaire, et par les mots : *S'adresser au sieur Ettinger, à Gotha.* Grâce à cette dernière indication, les bibliophiles qui ont des exemplaires avec le titre faux de Leipsic éprouveront la douce satisfaction de reconnaître qu'ils possèdent réellement l'édition originale et rare de l'*Almanach de Gotha pour l'année* 1808.

Nous voici parvenu au bout de la tâche que nous nous étions imposée. Nous croyons n'avoir rien négligé de ce qui pouvait donner aux lecteurs une juste idée des principales particularités qui distinguent les deux éditions. Nous avons voulu faire pour l'*Almanach de Gotha de* 1808, le travail que le savant Sallengre a si bien exécuté sur le *Ménagiana de* 1715 (5). C'est aux amateurs qu'il appartient de juger si nous avons réussi : notre devoir est d'attendre avec soumission l'arrêt qu'ils prononceront en dernier ressort.

Bruxelles, le 26 novembre 1848.

(5) V. dans ses *Mémoires de littérature,* la Haye, 1715, pet. in-8°, t. 1. p. 228-275, l'*Indice expurgatoire du Ménagiana.*

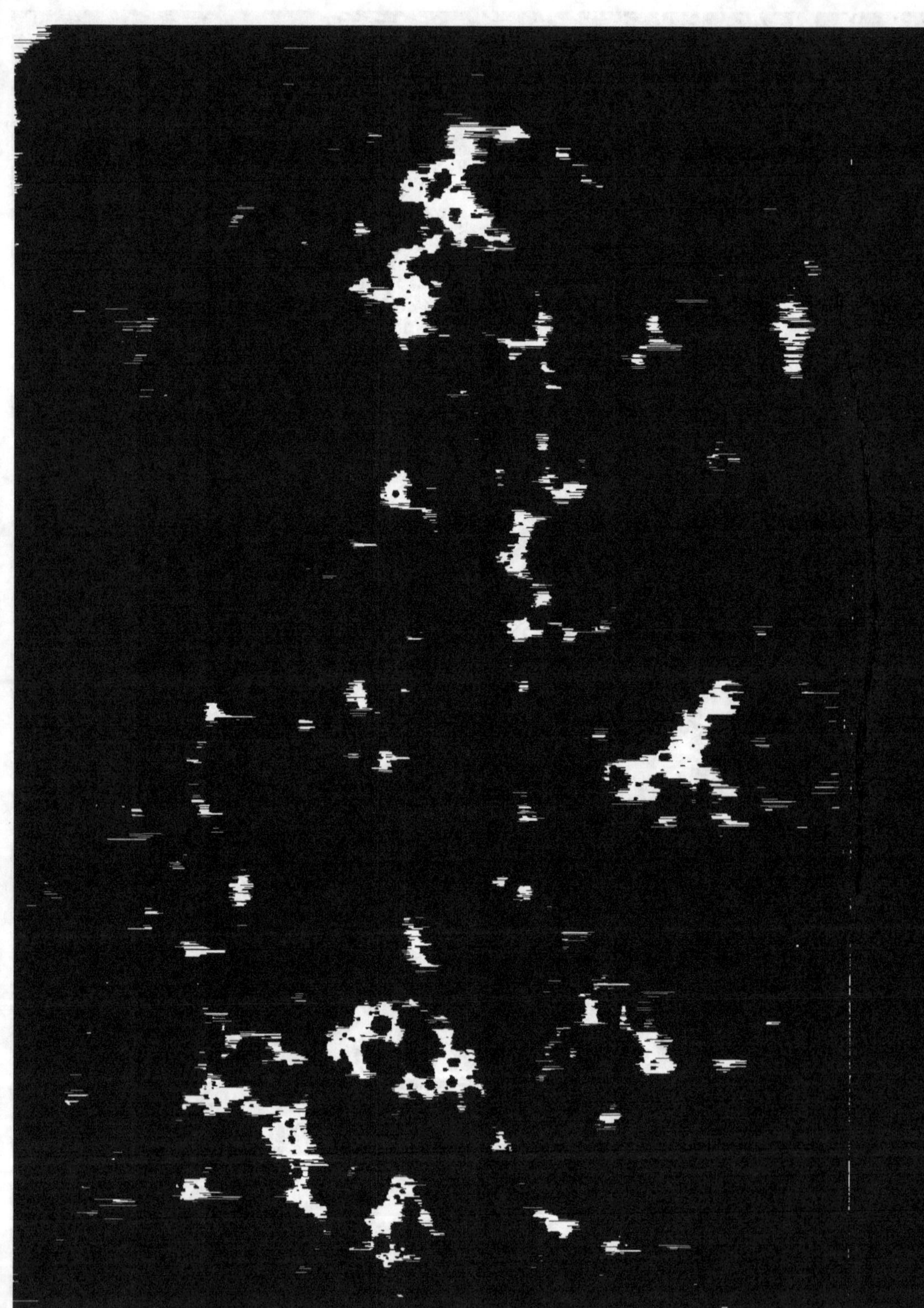